LES

SOUVENIRS

PAR

ALBERT MÉRAT

FAC ET SPERA

PARIS

ALPHONSE LEMERRE, ÉDITEUR

27, PASSAGE CHOISEUL, 29

—

1872

LES SOUVENIRS

DU MÊME AUTEUR

LES CHIMÈRES

Poésies couronnées par l'Académie française
(2e édition)

L'IDOLE

Sonnets

Sous presse

ITALIE

Poëmes

ALBERT MÉRAT ET LÉON VALADE

AVRIL, MAI, JUIN

Sonnets (épuisé)

INTERMEZZO

Poëme traduit de Henri Heine

LES
SOUVENIRS

PAR

ALBERT MÉRAT

PARIS

ALPHONSE LEMERRE, ÉDITEUR

27, PASSAGE CHOISEUL, 29

—

1872

LA MER DE BRETAGNE

LA RUE

La rue au flanc du roc serpente resserrée ;
Les filets font de longs treillis sur les maisons.
A tous les coins la mer, fermant les horizons,
Fait trembler sur les murs une bande azurée.

La bonne odeur de l'eau monte avec la marée.
Des hommes dont le cœur brave en toutes saisons
L'Océan, qui jamais ne donne ses raisons,
Passent, l'écoute aux mains et la tête assurée.

Parfois, par une porte entr'ouverte, on peut voir,
Auprès du vieux bahut luisant de chêne noir,
Le berceau d'un petit qui ne fait que de naître,

Et que berce d'un bruit mélancolique et lent,
Dans l'ombre triste, loin de la seule fenêtre,
L'aïeule au coin de l'âtre, immobile et filant.

LES SARDINIÈRES

Quand le travail s'arrête et quand finit le jour,
L'obscur logis s'éclaire et la vitre étincelle.
Vers l'âtre où le souci des mères les appelle
Elles pressent le pas et hâtent le retour.

Le court fichu de laine alourdit le contour
Du sein, et l'on voit mal laquelle est la plus belle ;
Mais l'égale blancheur des coiffes sans dentelle
Leur donne un air claustral irritant pour l'amour.

Leurs yeux clairs comme l'eau des vagues vous regardent.
Les petites à vous sourire se hasardent
Et courent en mordant de gros morceaux de pain :

Et, se tenant la main comme un cortège antique,
Les grandes font, au choc d'un pas lourd et rustique,
Claquer sur le pavé leurs sabots de sapin.

LE LAVOIR

Une source descend de la roche brunie :
Les filles de Plomar viennent laver au bas
Aux coups vifs des battoirs se mêle le fracas
Que fait le flot, et c'est une forte harmonie.

Comme devant l'autel sur la dalle bénie,
A genoux sur le roc, les pieds nus et nu-bras,
Les filles aux yeux clairs ne vous regardent pas,
Et leur visage est pur comme la mer unie.

Bleuie en longs filets parmi les galets blancs,
La source fait un doux bruit de grelots tremblants
Que l'Océan bientôt étouffe sous sa lame ;

Et les femmes qui sont la grâce du tableau
Se penchent, laissant mordre au matin qui s'enflamme
Leurs beaux bras ruisselants de gouttelettes d'eau.

LA FILEUSE

Pure et blanche aux reflets du grand soleil couchant,
Comme dans les tableaux la Vierge agenouillée,
Elle hâte du doigt la lente quenouillée,
L'œil pensif et la tête avec grâce penchant.

Près d'elle son chien dort, grondeur et point méchant.
Tordant l'étoupe blonde à mesure mouillée,
Elle jette à la lande, à la sourde feuillée
Des arbres, la douceur extrême de son chant.

C'est un vieil air traînant, mélancolique, vague,
Qui fait songer aux voix mourantes de la vague
Et répète le rhythme en des couplets très-lents;

Une obscure chanson, sans doute une légende,
Qu'au temps des soirs anciens chantaient dans cette lande
Des bergères aussi, mortes depuis mille ans.

HENRIETTIK

Comme un fond d'outremer de vieux maître allemand
L'azur uni des flots encadre son visage;
Et parmi l'âpreté du rude paysage
L'enfant épanouit son corps frêle et charmant.

Le regard plein de vie, ouvert naïvement,
Semble un ciel de printemps où la lumière nage;
La lèvre un peu serrée et fine pour son âge
Se ferme dans un grave et court étonnement.

Sa grosse coiffe autour de sa tête vermeille
Lui donne l'air plaisant d'une petite vieille
Dont le nez serait rose et les cheveux au vent.

En long fichu pareil à celui des grand'mères,
Elle saute à cœur-joie, et les vagues amères
Posent sur ses pieds nus leur froid baiser mouvant.

LA FONTAINE

Les femmes lentement descendent le chemin
Et s'arrêtent au bord de la margelle usée.
Sur leur tête la cruche en argile posée
Demeure droite et tremble à peine dans la main.

Le plaintif Océan, d'où monte un râle humain,
Jette aux pierres du quai son amère rosée.
— Elles regardent l'eau, car la lame apaisée
Peut grossir, et l'homme est en mer jusqu'à demain.

Un geste harmonieux, comme le col d'un cygne*
Élevant l'un des bras, en arrondit la ligne,
Et laisse mollement le grès rose osciller.

Ces femmes ont marché sur la terre biblique :
Et, plus tard, Phidias les fit étinceler
Blanches sur les frontons de marbre pentélique.

LA LANDE

La ligne impérieuse et fauve de la lande
Change d'aspect, et forme au-dessus du flot clair
Un golfe harmonieux de verdure. Dans l'air
Court un parfum mêlé d'algues et de lavande.

Des barques de pêcheurs semblent en longue bande
Un vol silencieux de blancs oiseaux de mer.
Tout est calme. Le vent retient son souffle amer
Et la lune au couchant se lève toute grande.

C'est ici-bas que sont les paradis charmants.
Un tout petit ruisseau sous les saules dormants
Cause, malgré le bruit de l'Océan farouche ;

Loin de ces purs coteaux jusqu'à l'aube oubliés,
La lumière fuyant frissonnante se couche,
Vague orient des mers qui roulent sous nos pieds.

LA BÉNÉDICTION DE LA BAIE

Pendant qu'au loin la grave et lente sonnerie
Des cloches se répand, pareille aux chants pieux,
Portant les saints de bois et les os précieux,
La procession va, se développe et prie.

Les bannières d'abord, presque sans broderie;
Puis, entourant le dais pauvre et religieux,
Les filles du pays, blanches, baissant les yeux,
Et murmurant une hymne à la vierge Marie.

Et derrière le chœur des lévites d'Armor,
Viennent silencieux et plus graves encor
Les vieux hommes bretons aux longues chevelures,

Et les femmes au cœur vaillant, au regard bleu,
Qui suivent du logis les fuyantes voilures,
Douces à leurs époux et croyantes en Dieu

LA PETITE MAISON

La porte encor fermée et les fenêtres closes,
A peine la maison sort des taillis couverts.
Un paysage exquis borne cet univers
Où l'on rêve, oublieux des effets et des causes.

Le gai matin, qui rit dans la fraîcheur des choses,
Aussitôt réveillé, frappe aux contrevents verts.
Les automnes cléments et les tièdes hivers
Y mêlent le parfum des blancs myrtes aux roses.

C'est là qu'il faudrait vivre au temps du mois de mai,
Heureux du grand soleil, le cœur bon d'être aimé,
Causant à deux durant les jours pleins de lumière.

Aucun art n'embellit la petite maison,
Rien n'en trouble la paix : c'est presque une chaumière,
Et la vieille romance avait pourtant raison.

A LA NUIT

Derrière les brouillards blancs comme une fumée,
La lune, œil endormi qui se souvient du jour,
Me sourit, et sa flamme embellit le contour
Du bois où sourdement court la séve embaumée.

O nuit! forêt sans bords, lune, splendeur aimée,
Longtemps j'ai cru, troublé par un ancien amour,
Que votre paix sereine adoucit le retour
De ses vieilles douleurs à l'âme mal fermée.

Vous êtes la nature impassible qui naît,
Meurt et revit sans nous parler, que seul connaît
L'œil qui sait les anneaux mystérieux des chaînes.

En vain vous paraissiez m'entendre. Vous mentez,
O nuit que rien n'émeut, abri morne des chênes,
Lune aux rayons muets froidement argentés!

LE LONG COURS

Ayant l'amour fatal de ce qu'on ne sait pas,
Je tends vers l'inconnu les forces de mon âme.
Je voudrais secouer mes ailes, et je pâme
A rencontrer partout l'ombre devant mes pas.

Les étoiles où vont les rêves d'ici-bas
Ne peuvent point m'ouvrir le secret de leur flamme ;
Ni l'éther infini que mon désir réclame
Vaincre ma pesanteur et soulever mes bras.

Et si, tentant la mer qui menace et qui gronde
Droit devant moi, j'allais chercher un nouveau monde,
Lorsque, las et meurtri, j'en aurais fait le tour,

L'immuable circuit qui mesure l'espace
Ramènerait mon œil avide au même jour
Inflexible, et marquant l'ombre à la même place.

3

LES VAGUES

Vous êtes la beauté. Vers la pure Ionie
C'est de vous que naquit Vénus au temps des dieux,
Et vous avez formé son corps victorieux
De votre onde mobile à la lumière unie.

C'est vous, près des vaisseaux, qui faisiez l'harmonie
Des sirènes charmant les Grecs mélodieux,
Et reflétiez l'effroi des grands temples pieux
De Sunium aux bois sacrés de l'Ausonie.

Bien que l'âge ait passé des vieux mythes charmants
Et qu'au sein de vos flots soulevés ou dormants
La raison ait tué la chimère sacrée,

Au fond de votre abîme impénétrable et bleu,
L'âme malgré soi cherche et regarde attirée
Si dans cet autre ciel on ne verrait pas Dieu.

HORS DES MURS

LE COURANT

Il faudrait, pour quitter la ville, un vieux bateau,
Suivant l'eau lentement, sans voiles et sans rames.
Sur des nuages blancs, aussi blancs que des femmes,
Le ciel d'été, l'azur étendrait son manteau.

Serré dans le granit comme dans un étau,
Le fleuve mord ses bords et glisse en courtes lames ;
Et la ville aux toits bleus tout pailletés de flammes
Parade bruyamment comme sur un tréteau.

Plus de quai ; des maisons d'un étage, des rives,
Les saules, les bouleaux, les aubépines vives,
Un coin du bien-aimé paysage français.

Les peupliers sont hauts, les collines sont bleues...
Où donc est la rumeur de foule où je passais ?
Je ne sais pas combien j'ai pu faire de lieues.

CHEMIN DE HALAGE

Aux deux rives de l'eau, paysage tremblant,
Sur la berge encaissée où leur ampleur tient juste,
Des arbres, dont le tronc au sol rude s'incruste,
Agitent leurs rameaux sans feuilles, d'un bruit lent.

Des percherons trapus tirent du col, soufflant
Le brouillard enflammé d'une haleine robuste.
Large, bien que petit, d'épaules et de buste,
Le charretier conduit ses bêtes en sifflant.

Le bateau lourd, ainsi mené, descend le fleuve,
Vers la mer où le ciel à l'aurore s'abreuve
Et boit, comme en un vase étincelant, l'azur.

Parfois il faut aussi l'effort à la pensée,
Mais le courant du rêve est invisible et sûr :
L'âme vers l'infini va, lentement bercée.

L'ARCHE

Le grand cintre de l'arche encadre un clair tableau.
En attendant Avril et pour la bienvenue
Des fleurs, le ciel sourit et le froid s'atténue.
Au premier plan, la rive en pente douce, et l'eau.

Peinte légèrement du bout d'un fin pinceau,
Profilant sur l'azur sa silhouette nue,
Une île, avec des airs de baigneuse ingénue,
Sort du fleuve, et les joncs lui font un frais berceau.

Le froid soleil d'hiver, qui ne fait rien éclore,
Glisse sur les coteaux dans sa pourpre incolore,
Comme un hôte ennuyé prompt à gagner le seuil.

Mais la tonnelle semble attendre sur la berge
Et j'entends clairement petiller dans l'auberge
La friture dorée et le vin d'Argenteuil.

LA BERGE

Malgré le froid, le ciel est en fête, et l'azur,
Pâle encore, adoucit la lumière adorable ;
Penché sur l'horizon, le soleil favorable
Se répand et ne laisse aucun détail obscur

La colline, montrant au loin sur un fond pur
Le profil dépouillé d'un saule ou d'un érable,
Abrite des maisons blanches, et sur le sable
De la grève un vieux banc se chauffe près d'un mur.

Le jour clair, les coteaux courant comme des ondes,
Et les blanches maisons, et les tonnelles rondes,
Se fondent en accords comme dans un concert :

Un concert où, tenant le devant de la scène,
Entre les joncs fredonne à petit bruit la Seine
Un de ces airs légers que l'on chante au dessert.

LE GRAND ARBRE

Dans un parc oublié dont le silence amorce
Les rêveurs, sentinelle ancienne du seuil,
Le grand arbre muet isole son orgueil,
Et vers le ciel étend ses branches avec force.

Son tronc noir se roidit musculeux comme un torse,
Et son cœur dépouillé ferait un bon cercueil.
Il a l'air de porter l'empreinte d'un long deuil,
Et l'âge a sillonné profondément l'écorce.

Il sent qu'il n'est pas fait pour prêter aux amants
L'ombre, dont le secret rassure les serments
Et les baisers, concert matériel des rêves.

Inutile à l'amour trop vulgaire pour lui,
Apre et dur, il attend venir avec ennui
La fermentation violente des séves.

4

LA NEIGE

L'air donne le frisson comme un breuvage amer.
Le jour est morne, éteint, et prend des tons de cuivre.
Les moineaux, pépiant de froid, se laissent suivre,
Et, s'envolant, font sur la brume un vague éclair.

La neige, floraison pâle des ciels d'hiver,
Fait pleuvoir tristement ses étoiles de givre.
Les arbres aux bourgeons captifs qu'Avril délivre
Se la mettent au front, ainsi qu'un joyau clair.

Frêle et vain ornement, outrage des ramures
A qui va la beauté des larges feuilles mûres,
Où circule le sang glorieux des étés !

Ta blanche clarté fait que j'aime mieux les roses,
O neige, dont la grâce est celle des chloroses,
Image des froideurs et des virginités.

LA LISIÈRE DU BOIS

La lisière du bois suit le petit chemin
D'ocre jaune, où tout pli rit d'une graminée.
La pente, pleine d'air, est comme illuminée
D'un lever d'ailes d'or, de soufre et de carmin.

Vrilles des liserons glissant leur verte main,
Éphémères d'un soir ou d'une matinée;
Toute la flore exquise, humble, indéterminée
De l'herbe, amours d'hier, semences de demain.

Cependant l'aïeul doux aux plus faibles, le chêne,
Souffrant à ses genoux les mousses et la chaîne
Des églantiers, faiseurs de roses et de miel,

Regarde du côté des marguerites blanches,
Et, mendiant d'azur, il tend ses vieilles branches
Pour y prendre à pleins doigts un grand morceau de ciel.

LA VILLE

Nos coteaux, les plus purs de tous et les plus doux,
Que, n'eût été la Grèce, auraient choisis les faunes,
Au bas de leurs sentiers poudrés de sables jaunes
Ont comme une hydre énorme éparse à leurs genoux.

La Ville nous fascine, étant moins près de nous,
Avec ses tours aussi royales que des trônes ;
Horizontale, bleue et blanche entre les cônes
Des hauts taill's bordés d'épines et de houx.

D'ici l'on ne voit rien que les langueurs farouches
Du monstre aux mille bras puissants, aux mille bouches,
Dont le grand soleil d'août ensanglante les yeux.

Elle est plus dangereuse ainsi ; mais, pour nous prendre,
Il faudrait que le ciel fût moins silencieux ;
Il faudrait que le bois ne sût pas nous défendre.

SOIR DE LUNE

(AVRIL)

L'AZUR du soir s'éteint rayé de bandes vertes.
Comme hors de son lit un fleuve débordé,
La lune se répand, et l'éther inondé
Ruisselle, des coteaux aux plaines découvertes.

Sous le voile muet de ces lueurs désertes,
Nulle voix qui s'élève et nul pas attardé.
Des bruits vivants du jour la terre n'a gardé
Que le vague frisson des feuilles entr'ouvertes.

C'est un cadre incertain de rêves allemands,
Un linceul de clarté bleue et de flots dormants,
Où la nature a froid comme une ensevelie.

Les champs semblent noyés, et, sous le clair rideau
Des chênes, l'œil rencontre avec mélancolie
De blancs rayons tombés comme des flaques d'eau.

LA NUIT

Tiède du souvenir des occidents vermeils,
La nuit sur les coteaux palpite immense et bonne.
Elle est comme la mer : un vent d'aile y frissonne ;
Leur couleur est semblable et leurs bruits sont pareils.

Le sein large et profond qui porte les soleils,
Où le flot incessant des univers rayonne,
Est indulgent et n'a d'embûches pour personne,
Et, mérités ou non, berce tous les sommeils.

Pourtant, Nuit, je te sais peu sûre et décevante ;
Ta vague illusion de spectre m'épouvante :
Si les matins allaient oublier le retour !

Certitude, ô raison, aurore coutumière !
Je sens que ma pensée est faite de lumière ;
Même les yeux fermés, j'ai le souci du jour.

LE RÉVEIL

Le soleil s'est levé du milieu des collines
Comme le premier-né divin des nuits d'été,
Déchirant, dans un vol de flammes emporté,
Du matin frissonnant les frêles mousselines.

Les champs, l'eau, les forêts graves et sibyllines,
Toute la terre vibre éprise de clarté.
Le chœur universel des bêtes a chanté,
Les mâles forts auprès des femelles câlines.

L'homme seul, raisonneur pensif dès le réveil,
Regarde cette joie, en son retour vermeil,
Éternellement rose, aimable et coutumière;

Et bien qu'elle soit bonne, et brille aussi pour lui,
Sans folles actions de grâces, sans ennui,
D'un œil indifférent accepte la lumière.

LE DÉSIR

La bonté du soleil n'apaise pas nos yeux.
Nous avons les prés clairs où l'eau met des buées,
Les collines aux plis charmants continuées
En des bandes couleur de perle au bord des cieux ;

Nos chênes sont si hauts, si vaillants et si vieux
Qu'ils connaissent la foudre et parlent aux nuées.
Les forêts de cent ans que l'on n'a pas tuées
Sont les chœurs où l'accord des voix chante le mieux.

D'où vient qu'ayant l'odeur vive des matinées,
Les pourpres du couchant dans le ciel entraînées,
Les molles nuits d'été qui s'allument pour nous,

Nous sentions nos désirs s'enfler comme des voiles?
Pourquoi les horizons sont-ils d'un bleu si doux?
Pourquoi chercher au loin de nouvelles étoiles?

SUITE D'ESQUISSES

AU CABARET

(*Vieille estampe*)

Les reîtres à panache et les mauvais garçons,
Dont le rire tintait aux vitres des auberges,
Aimaient le vin nouveau pour tremper leurs flamberges.
Ils avaient bonne mine et hautaines façons.

Sur les verres tremblant au fracas des chansons,
Les chandelles coulaient, jaunes comme des cierges;
Et, hautes en couleurs, moins prudes que des vierges,
Les ribaudes servaient aux hommes d'échansons.

Où sont les cheveux plats, les bottes éculées
Des truands et des clercs en grandes attablées,
Qui ne ménageaient pas leur soif jusqu'au matin;

Et, jurant par l'enfer ou bien par Notre-Dame,
Relevaient leurs propos d'épices en latin,
Près de l'âtre où le feu montait en longue flamme?

—— ——

TRÉTEAUX

I

L'HERCULE

En plein air, sur l'estrade en planches de bois blanc,
Aux sons du cuivre aigu faussant les ritournelles,
Pendant que les buveurs trinquent sous les tonnelles,
L'hercule fait saillir les muscles de son flanc.

Ses deux bras sont croisés dans le geste indolent
D'un athlète certain de ses splendeurs charnelles.
Le regard sans rayons qui fixe ses prunelles
Vers la foule parfois s'abaisse, fier et lent.

Sa tête, qu'un front bas et sans rides déprime,
N'a pas l'amer souci de l'idée, et n'exprime
Que la félicité d'un grand lion dispos.

Pourtant, malgré la douce extase de la gloire,
Dans l'orgueil souverain de son large repos,
Cet homme-là n'est pas heureux : il voudrait boire.

TRÉTEAUX

II

UNE SALTIMBANQUE

Médaille d'or usée où la beauté persiste,
La saltimbanque au gré du public curieux
Étalait, sous le clair maillot, pour tous les yeux,
Des reliefs dont la ligne eût séduit un artiste.

La jupe pailletée avait la couleur triste
Du linge qui se fane et que l'air a fait vieux.
On voyait, sous l'effort du souffle impérieux,
Comme une onde s'enfler la gorge qui résiste.

Ses noirs cheveux semblaient un farouche étendard ;
Sa peau brune buvait le soleil comme un fard,
Et, bijou respecté, l'oreille restait rose.

Faite d'un fier métal, force et grâce à la fois,
Ce n'était pas l'attrait des beautés de chlorose,
Mais un faune eût voulu l'emporter dans les bois

TRÉTEAUX

III

LA PANTOMIME

Pendant que sur la scène autrefois honorée,
Où, l'épée au côté, la cape sur les reins,
Les héros déroulaient leurs fiers alexandrins,
On accorde parfois au Cid une soirée,

Pendant qu'avec des cris, belle Muse adorée,
La bêtise t'insulte en de honteux refrains,
Et que l'on désapprend la gloire des quatrains
Rhythmant les purs accords de la lyre sacrée;

Je m'en vais voir la ruse et l'art ingénieux
D'Arlequin, batailleur insolent, vicieux,
Fou d'une lèvre avec amour abandonnée,

Et le geste bouffon, mais franchement humain,
De Pierrot caressant sa joue enfarinée
Où Colombine rose a laissé son carmin.

LA LAIDE

Petite, à son école, elle marchait à l'aide
D'un bâton, tant étaient débiles ses genoux.
Les enfants, qui sont durs et méchants comme nous,
Riaient. Pour s'amuser ils l'appelaient : la laide.

Plus tard, le mal faiblit, mais n'eut pas de remède.
Elle se résigna sans honte ni courroux.
On l'aima ; sa fierté dit non, d'un regard doux.
Ce souvenir est tout le bien qu'elle possède.

Mère ni femme ! on n'est pas femme sans beauté !
Pâle de patience et de virginité,
Sous la lampe d'hiver qui petille et charbonne,

Dans une effusion discrète de douceur,
La laide rit heureuse à l'enfant d'une sœur,
Et personne ne songe à dire qu'elle est bonne.

LE VIEUX PORTRAIT

Dans l'ovale du cadre où s'éteint la dorure,
Sous le verre, l'éclat d'un pastel ancien
S'amortit en des tons gris de perle. On voit bien
Qu'il est vieux, et le temps lui fait une parure.

C'est la mémoire encore, et ce fut la peinture
D'un homme jeune et fier et d'un royal maintien.
Le nom qu'eut ce vivant jadis, on n'en sait rien;
Et l'artiste n'a pas laissé de signature.

Les vieux portraits, ce sont les morts tendres et doux
Qui nous aiment toujours et viennent parmi nous
Réveiller sur leur lèvre endormie un sourire.

Ils ont la gravité des choses d'autrefois...
C'est peut-être un aïeul, et je baisse la voix
De peur de le troubler et de le contredire.

LE CLAVECIN

Les pieds branlants et lourds et le ventre fluet,
Moins utile qu'aimé, vieilli comme sa gloire,
Mais d'un attrait pareil à celui d'une histoire,
Le clavecin repose, immobile et muet.

L'œil avait des lueurs et le cœur remuait
A l'entendre. Égayant la grande glace noire,
Il montre avec orgueil quatre octaves d'ivoire
Qu'usa de son pas grave et lent le menuet.

Là dort ensevelie une musique exquise,
Ces vieux airs qu'on dansait en robe de marquise,
Aigrelets et vibrants comme un son de ducat;

Et le soir, doucement si l'on ouvrait les portes,
Peut-être on entendrait un scherzo délicat
Sous les doigts effilés des châtelaines mortes.

6

TABLEAU DE LAQUE

La ville que je veux serait je ne sais où,
Mais loin d'ici, dans l'Inde, ou près d'un fleuve en Chine.
L'air bleuirait sa tour de porcelaine fine,
Portant comme un bouffon des clochettes au cou.

La maison que je veux serait celle d'un fou,
Sans chemin pour aller à la maison voisine.
Entre les jasmins blancs et les fleurs d'aubépine
Poindrait un toit luisant de nattes de bambou.

La chambre tiède aurait des peintures de laque :
De larges oiseaux d'or, sur le clair mur opaque,
Couvriraient un lac mince ou voleraient autour ;

Et la femme aux cils fins que mon désir demande
Aurait les ongles longs et les yeux en amande,
Étoile de beauté dans ce rêve d'amour.

LE CARREAU

DERRIÈRE l'épaisseur lucide du carreau
Un paysage grêle, une miniature,
Fait voir chaque détail plus petit que nature
Et tient entre les quatre arêtes du barreau.

Ce transparent posé d'aplomb sur le tableau
Montre un ciel triste encore et d'une couleur dure,
Des gens qui vont, les champs, des arbres en bordure
Et les flaques de pluie où l'azur luit dans l'eau.

Il semble qu'un burin très-aigu n'ait qu'à suivre
Le trait fin des maisons, les branchages de cuivre
Où le pâle soleil glisse un regard sournois.

Décalque compliqué comme une broderie,
Dont le caprice peut tenter la rêverie
D'un poëte amoureux ou d'un peintre chinois.

LE JARDIN

Le décor est royal; les arbres éclaircis
Alignent la beauté des larges perspectives;
L'eau, qu'un bassin de marbre encadre dans ses rives,
Étale avec orgueil ses grands cygnes transis.

Les princesses de France, en de blancs raccourcis,
Luisent sur le profil des terrasses massives;
Bleus et rayant le ciel de leurs arêtes vives,
Les vieux toits effilés parlent des Médicis.

C'est charmant et point trop pompeux. Dans les allées,
S'allonge sous l'essaim des feuilles envolées
L'ombre des hauts tilleuls dépouillés et tremblants.

Les oiseaux sont partis vers les tièdes provinces;
Il gèle; et l'azur pâle, entre les rayons blancs,
Semble un rire forcé plissant des lèvres minces.

SUR UNE COMPOSITION

DE FRANÇOIS MILLET

C'EST la terre sans fleurs de pourpre et sans décor,
Le champ dur qui nourrit les bras et leur résiste.
Septembre dans le ciel a mis sa pâleur triste,
Et le soir au couchant se lit en un trait d'or.

L'heure qui vient n'a pas de fantômes encor,
Mais des solennités où le contour persiste.
Le tableau se déroule ample, sans jeu d'artiste :
On dirait un poëme ancien d'un grand essor.

Deux jeunes filles font vivre le paysage,
L'une grave et debout, l'autre dont le visage
Est comme un fruit d'été substantiel et clair.

Leur front ne pense pas, leurs yeux rêvent à peine :
Mais, subissant le rhythme austère de la plaine,
Elles suivent un vol de cigognes dans l'air.

LES BŒUFS

Des larges prés ayant le flot bleu pour frontière,
Jetés dans les wagons monstrueux et hurlants,
Les bœufs, souffrant de l'air qui leur cingle les flancs,
Ont roidi leurs jarrets une nuit tout entière.

Ils entrent dans Paris par l'ancienne barrière;
La corne de leurs pieds fait les pavés sanglants;
La salive leur pend au mufle en filets blancs;
Les chiens lâches et vils les mordent par derrière.

Étonnés des passants, des arbres, des maisons,
Ils cherchent de leur œil calme les horizons
Et beuglent longuement, songeant au pâturage.

Parfois, par une angoisse obscure de la mort,
Le front aigu s'oppose à la gueule qui mord
Dans un beau mouvement de révolte et de rage.

LES PETITS ARBRES

Malingres, laids, tendant de longs bras d'araignées,
Le corps cerclé de linge et les pieds dans du fer,
A deux pas des maisons, sans espace, sans air,
Les petits arbres vont en bandes alignées.

Ils sont libres de croître aux places assignées ;
On les garde de la chaleur et de l'hiver.
Ils ont sur eux le ciel des villes, jamais clair,
Toujours morne, et qui sied aux poses résignées.

L'été, quand l'air profond s'exhale dans la nuit,
Peut-être que de loin, des bois natals, un bruit,
Une voix leur parvient qui leur parle sans haine :

« Qu'êtes-vous devenus, ô nos frères bannis,
« Platane au tronc d'argent, orme rude, et toi, chêne,
« Abrités mais captifs, tranquilles mais sans nids ? »

LE REGRET

I

PAYSAGE

A l'abri de l'hiver qui jetait vaguement
Sa clameur, dans la chambre étroite et bien fermée
Où mourait un bouquet fait de ta fleur aimée,
Parmi les visions de l'étourdissement ;

Pendant qu'avec la joie extrême d'un amant
Je froissais d'un cœur las et d'une main pâmée
L'étoffe frémissante et la chair embaumée,
Mon sang montait plus lourd à chaque battement.

J'avais le souvenir d'un ancien paysage :
Je revoyais, le front penché sur ton visage,
La source pure et claire au milieu des roseaux ;

Et, dans l'ombre où veillait la lampe en porcelaine,
S'ouvraient à la chaleur tiède de mon haleine
Tes froids regards, pareils aux larges fleurs des eaux.

II

L'ADIEU

Quand elle part, sa grâce invente des retours,
Charmants, un gant laissé, la fenêtre mal close;
« Elle avait oublié de dire quelque chose... »
C'est toujours puéril et c'est exquis toujours.

La dernière caresse a fait ses bras plus lourds,
Et je baise sa lèvre où brûle le sang rose.
Tout mon bonheur se lit aux lignes de sa pose;
Je me perds dans la nuit de ses yeux de velours.

Elle viendra demain dans un frisson de soie;
Et pourtant je ne sais, je tremble de ma joie :
C'est que j'ai toujours eu le souci des adieux.

Pendant que son humeur ne m'était point farouche,
J'aurais dû retenir le souffle de sa bouche
Et la lumière bleue et douce de ses yeux.

III

LE MENSONGE

Le bonheur qui me dit des paroles tout bas
Prend au son de ta voix ses grâces endormantes;
Afin d'avoir ma part de minutes clémentes
Je veux la chaîne souple et blanche de tes bras.

Je veux ta chevelure et le bruit de tes pas,
Et ton souffle léger comme l'odeur des menthes.
J'ai besoin de trouver les étoiles charmantes;
Que me serait leur ciel si je ne t'aimais pas?

A ton tour aime-moi : rêve aussi ce doux songe;
Ou, si tu ne peux pas, donne-m'en le mensonge :
Je sais croire, et je puis être heureux de ma foi!

Demeure haut, ainsi que mon cœur t'a placée,
Et souffre que l'espoir apaise ma pensée
Lors même que ton âme émanerait de moi.

IV

LA LETTRE

Chère épave d'amour ! Se peut-il qu'on oublie !
Oh ! ne laissez jamais le doux être adoré,
Pleurant et souriant, dire : « Je reviendrai. »
Ceux-là qui s'étaient joints, l'absence les délie.

Petite lettre écrite avec mélancolie
Un jour qu'elle était lasse et qu'elle avait pleuré !
Avril a ces tons frais de matin diapré :
Une ombre de tristesse, un rayon de folie.

Petite lettre, frêle et mignonne, qui mens,
Merci : tu m'as rendu les caprices charmants
Qu'avait sa voix de blonde et de Parisienne.

Je ferme le papier que le temps a jauni
Comme on laisse à regret, lorsque l'air est fini,
Un feuillet retrouvé de musique ancienne.

V

L'HEURE

C'EST l'heure : je sais bien qu'elle ne viendra pas,
Qu'elle n'a pas noué la furtive dentelle,
Et que mon désir vain ne dira pas : c'est elle,
Devinant la musique exquise de ses pas.

Je sais que les doux mots qu'avait sa voix tout bas
Ne sont qu'un souvenir d'une langueur mortelle,
Et que j'ai perdu l'aide et la chère tutelle
De sa bouche, de ses regards et de ses bras.

O fantôme ! clémente amertume de l'heure !
Le passé de son aile invisible m'effleure,
Et dans l'illusion évoque le réel.

La blanche image a pris sa place accoutumée ;
Le mot court en riant sur la lèvre embaumée ;
Les yeux profonds et clairs s'ouvrent comme le ciel.

VI

ÉTOILES

Ses yeux, tout un printemps, éclairèrent ma vie
Je marchais ébloui, la tenant par la main.
Elle était le rayon, l'étoile du chemin,
Et tant qu'elle a brillé sur moi, je l'ai suivie.

Ainsi mes jours passaient sans but et sans envie
Puis vint l'été; ce fut un triste lendemain.
Je ne vis plus l'étoile au doux regard humain,
Et la sérénité du ciel me fut ravie.

Et souvent, dans l'azur profond des soirs d'hiver,
Lorsque la lune au front du paysage clair
Pose comme un décor sa lueur métallique,

Seul, dans l'apaisement des soirs silencieux
Suivant l'éclosion lente et mélancolique
Des étoiles, j'ai pu reconnaître ses yeux.

VII

L'IMAGE

Comme la main distraite et qui n'a pas de thème
Précis, par la vertu secrète d'un aimant,
Décrit, sans y songer et machinalement,
Un contour au hasard jeté, toujours le même ;

Ainsi va ma pensée, et l'éternel problème
De l'amour la ramène à tracer constamment
Dans le cadre naïf d'un ovale charmant
Un sourire indécis et les chers yeux que j'aime.

L'image que poursuit ainsi mon souvenir
Est petite, et sa grâce entière peut tenir
Aux marges d'un sonnet : un rêve, une hirondelle !

A peine elle a posé légère sur mon cœur...
J'indique des traits fins, mais, dans un frisson d'aile,
L'oiseau frêle m'échappe avec un cri moqueur.

8

VIII

LUNE D'HIVER

A travers le réseau des branches que l'hiver
Trace avec la vigueur des dessins à la plume,
La lune, comme un feu qui dans le ciel s'allume,
Montait, luisant au bord du bois couleur de fer.

Tu manquais à mon bras, mignonne ; et ton pied cher
A qui marcher fait mal et qui n'a pas coutume
D'aller loin, sur la bande étroite du bitume
Ne faisait pas crier le sable fin et clair.

Pourtant lent et distrait, sous cette grande allée
Où le bruit de mes pas fait partir la volée
Des rêves vers le sourd abîme de l'azur,

Je crus qu'auprès de moi palpitait quelque chose :
Et, me tournant pour voir rire ta bouche rose,
Je vis mon ombre longue et triste sur le mur.

IX

LES VIOLETTES

Une habitude longue et douce lui faisait
Aimer pendant l'hiver les violettes blanches;
A l'agrafe du châle un peu court sur les hanches
Son doigt fin, sentant bon comme elles, les posait.

Un jour que le soleil piquant et clair grisait
Les moineaux francs criant par terre et dans les branches,
Elle me proposa d'aller tous les dimanches
Cueillir avec l'amour la fleur qui lui plaisait.

A présent, ce bouquet est tout ce que j'ai d'elle;
Mais j'y trouve toujours, pénétrant et fidèle,
Un vivace parfum émané de son cœur.

Tel le verre vidé qu'un souvenir colore :
Le regret du buveur pensif l'embaume encore
Et la lèvre y croit boire un reste de liqueur.

TABLE

—

LA MER DE BRETAGNE

HORS DES MURS

SUITE D'ESQUISSES

LE REGRET

FIN

Imprimé

PAR J. CLAYE

POUR

ALPHONSE LEMERRE, LIBRAIRE

A PARIS

PETITE BIBLIOTHÈQUE LITTÉRAIRE

(AUTEURS CONTEMPORAINS.)

Volumes petit in-12 (format des Elzévirs)
imprimés sur papier vélin teinté.

Chaque volume : 5 fr. et 6 fr.

*Chaque ouvrage est orné d'un portrait
gravé à l'eau-forte.*

FRANÇOIS COPPÉE. Poésies (1864-1869). 1 vol.

THÉODORE DE BANVILLE. Poésies (1870-1871).
prussiennes. 1 volume . . . .

ANDRÉ LEMOYNE. Poésies (1855-1870). *Les Charmeuses.*
Les Roses d'antan. 1 volume . . . . .

JOSÉPHIN SOULARY. Œuvres poétiques (1845-1...).
mière partie. — Sonnets. 1 volume . . . .

SULLY PRUDHOMME. Poésies (1865 - 1866). *Stances.*
1 volume . . . .

SOUS PRESSE

Les Œuvres poétiques complètes de Th. de Banville
Le second volume de Poésies de Sully Prudhomme
Le second volume des Œuvres poétiques de Joséphin
Les Œuvres de Léon Gozlan
et les Œuvres de Barbey d'Aurevilly

Il est fait un tirage de cette collection sur papier de
sur papier Whatman et sur papier de Chine.

Paris. — J. CLAYE, imprimeur, 7, rue Saint-Benoît.

www.ingramcontent.com/pod-product-compliance
Lightning Source LLC
LaVergne TN
LVHW022136080426
835511LV00007B/1148